Die spannendsten
5 Minuten-Geschichten
zum ersten Selberlesen

gondolino

ISBN 978-3-8112-3428-4
1. Auflage 2017
© für diese Ausgabe: gondolino GmbH, Bindlach 2017
Umschlagillustration: Alexander Bux
Umschlaggestaltung: Vanessa Braun
Printed in Poland

Der Umwelt zuliebe gedruckt auf chlorfrei gebleichtem Papier.

www.gondolino.de

Inhalt

Das krachende Baumhaus 8

Vorsicht, Hund! 17

Der Schatz im Wald 25

Heimlich 33

Ein Knochen zu viel 43

Der Piratenschatz 54

Eine super Überraschung! 63

Auf Fossilien-Jagd 72

Igitt! 79

Schatzfinder finden alles! 89

Freche Kerle 99

Trixis Lieblingstier 107

Wo ist der Dieb? 116

Quellenverzeichnis 124

Das krachende Baumhaus

Mika und seine Freunde
hocken in ihrer Geheimzentrale,
dem Baumhaus am Waldrand.

„Mann, ist das vielleicht eng hier",
mault Johannes.

Plötzlich knirscht und knackt es.
„Das Baumhaus stürzt ein!",
brüllt Clemens.
„Los, raus hier!"

Schnell flüchten alle zur Leiter.
„Beeilt euch, Jungs!"

Als alle heil auf dem Boden
angekommen sind,
sehen sie die Bescherung:
Das Baumhaus hängt total schief.

„Acht Mann sind einfach zu viel
für unser Baumhaus",
stellt Mika besorgt fest.

„Unsere Zentrale muss dringend
vergrößert werden!",
überlegt Paule.

„Aber dazu brauchen wir mehr Holz.
Ob wir mal den Förster fragen?"

Der Förster zupft sich
nachdenklich den Bart,
als die Jungen ihn um Hilfe bitten.

„Na gut", sagt er schließlich.
„Ihr sammelt für mich Kastanien
als Winterfutter für die Rehe.
Und ich gebe euch Holz."

Mit einem Haufen Plastiktüten
sausen die Jungen zur Kastanienallee
am alten Gutshaus.

Fünf lange Nachmittage
sammeln sie eifrig Kastanien.

Als der Förster schließlich
mit seinem Jeep vorbeikommt,
staunt er nicht schlecht:

Ein Riesenberg Kastanien türmt sich
zwischen den stattlichen Bäumen.

Und weil die Jungs so emsig waren,
bringt er gleich am nächsten Tag
das versprochene Holz vorbei.

An Kettensäge und Werkzeug
hat er auch gedacht.

Gemeinsam bauen sie nun
eine größere Geheimzentrale.
Die allerschönste weit und breit.

Vorsicht, Hund!

Peter besucht Jan
zum ersten Mal.

Doch an der Haustür
bekommt er einen Riesenschreck:
Jans Familie hat einen Hund!

Peter hat große Angst vor Hunden.
Deshalb rennt er zum Auto zurück
und fährt mit Papa nach Hause.

Am nächsten Tag ist Jan beleidigt.
In der Schule spricht er
kein einziges Wort mit Peter.

Nachts träumt Peter
von Jans Hund.
Er ist ein riesiges Monster.

Mit seinen scharfen Zähnen
zerfetzt er Zeitungen und Spielzeug.
Nie mehr will Peter zu Jan gehen.

Als Jan in der Schule fehlt,
sagt die Lehrerin zu Peter:
„Bringst du Jan bitte die Aufgaben?"

Alle Kinder sehen Peter an.
Peter zögert.
Doch dann sagt er mutig: „Ja."

Zu Hause setzt sich Peter
Opas Motorradhelm auf.

Er zieht Papas Lederjacke
und dessen Boxhandschuhe an.
So fühlt er sich sicher.

Jans Mutter öffnet Peter die Tür.
Sie staunt über
den merkwürdigen Besuch.

Peter marschiert ins Haus.
Zum Glück ist kein Hund zu sehen.
Nur Jans Geschwister.

Jan liegt krank in seinem Bett.
Auf dem Teppich sitzt der Hund.
Peter bleibt still stehen.

Da kommt der Hund auf Peter zu.
Doch er schnuppert nur
an Peters Schuhen.

Der Hund wedelt mit dem Schwanz.
Peter streicht ihm vorsichtig
über den Rücken.

Jan lacht und sagt:
„Unser Hund mag dich, Peter.
Obwohl du so komisch aussiehst."

Der Schatz im Wald

Zum Geburtstag bekommt Marvin
ein großes Paket.
Sein Onkel aus Amerika
hat es geschickt.

„Me-tal de-tec-tor ",
liest Marvin. „Was heißt das?"

Das Ding sieht aus
wie eine riesige Spülbürste.

„Damit kannst du
Schätze finden!", weiß Niklas.
„Der Detektor spürt Metall auf!"

Keine zehn Minuten später
durchkämmen die beiden Freunde
den Stadtwald.

„Wenn es piept, musst du
sofort stehen bleiben",
kommandiert Niklas.

Immer tiefer gehen sie
in den Wald hinein.

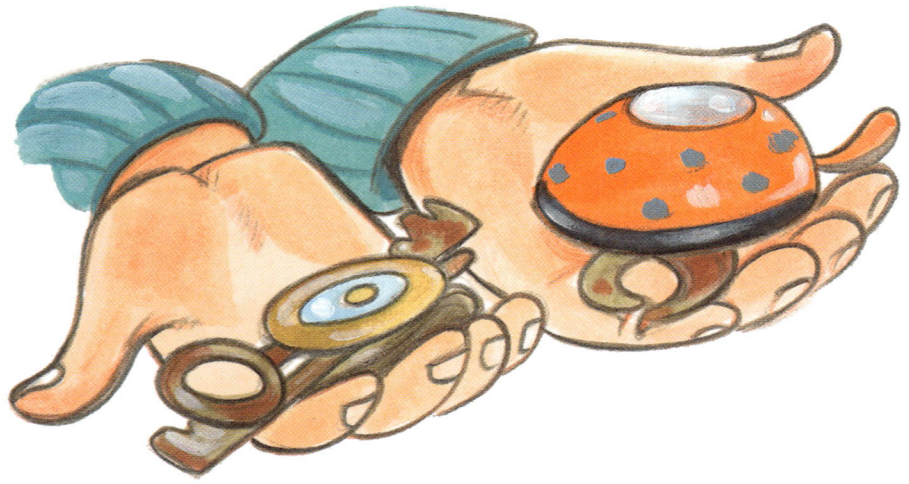

Sie finden eine Fahrradklingel,
jede Menge Schlüssel und
eine goldene Anstecknadel.

Plötzlich bleibt Niklas
im Gebüsch hängen.
„So ein Mist", schimpft er.
„Mein Pulli ist gerissen!"

Mit einer Hand muss er sich
das Loch zuhalten.

„Lass uns gehen", mault Niklas.
„Das blöde Ding findet doch
nie einen echten Schatz!"

Marvin grinst.
„Doch", sagt er geheimnisvoll.
„Einen Schatz haben wir schon!"

Er kramt in seiner Tasche und
holt die Anstecknadel hervor.

„Tadaa!", macht er und
verschließt mit der Nadel
das Loch in Niklas' Pulli.

„Stimmt", sagt Niklas und lacht.
„Toll, so ein Metalldetektor,
hab ich doch gesagt!"

Stefan hat einen neuen Stift
mit einem Hasenkopf
zur Schule mitgebracht.

Stolz zeigt er ihn
den Kindern in seiner Klasse.
Auch dem Lehrer.

Markus sitzt neben Stefan.
Er ist traurig und wütend.

Dauernd hat Stefan neue Sachen:
neue Kappen, neue Strümpfe,
neue Kartenspiele.

Als Stefan hinausgegangen ist,
steckt Markus den Stift
heimlich in seine eigene Tasche.

Später sitzt er
mit rotem Kopf neben Stefan.
Aber Stefan merkt nichts.

Zu Hause versteckt Markus
den Stift zuerst unter seinem Bett.

Dann vergräbt er ihn
tief in einem Blumentopf.

Am nächsten Tag ist Stefan traurig.
Seine Eltern haben geschimpft,
weil er den neuen Stift verloren hat.

Die Kinder suchen nach dem Stift.
Auch der Lehrer.
Doch niemand findet ihn.

In der Nacht kann Markus nicht schlafen.
Leise gräbt er den Stift wieder aus
und macht ihn sauber.

Und jetzt?
Markus weint in sein Kopfkissen.

Am nächsten Tag will Markus
all seinen Mut zusammennehmen
und Stefan die Wahrheit sagen.

Aber immer sind
andere Kinder in der Nähe.

Markus rennt aufs Klo,
wenn Stefan aufs Klo geht.

Er rennt zur Turnhalle,
wenn Stefan dorthin läuft.
Nie sind die beiden allein.

Schließlich schiebt Markus den Stift
im Unterricht zu Stefan hinüber.

„Ich habe den Stift genommen",
flüstert er mit zitternder Stimme.
„Ich wollte auch mal
etwas Neues haben."

Stefan sieht sehr erstaunt aus.
Lange sagt er gar nichts.

Dann schiebt er den Stift zurück.
„Ich leihe ihn dir", sagt er,
„solange du willst."

Ein Knochen zu viel

Heute ist die Klasse 2a im Museum.
Es gibt eine Dinosaurier-Ausstellung.

Staunend schauen sich die Kinder um.
Boah, hier stehen ja riesige Skelette!
Und all die seltsamen Knochen
und Bilder in den Schaukästen – toll!

„Denkt dran", warnt Frau Hempel.
„Ihr dürft nichts anfassen!
Am besten, ihr steckt eure Hände
in die Tasche."

Gern! Max grinst vor sich hin.
Er tastet nach dem Knochen
in seiner Hosentasche.

Den Knochen hat er
aus der Fleischerei.

Max hat ihn braun angemalt,
damit er schön alt aussieht.

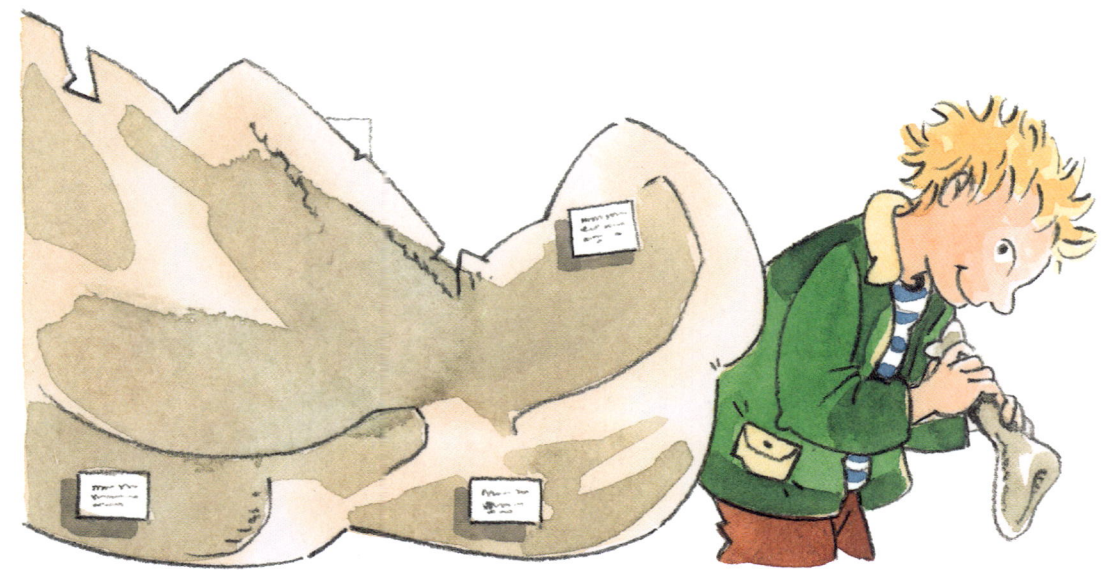

Mit diesem Knochen
will sich Max rächen.
An Leon, dem Blödmann!

Leon ärgert Max, wo er nur kann.
Einfach so.
Aber jetzt hat Max einen Plan.
Einen Rache-Plan!

Gerade bestaunt Leon das Skelett
eines Tyrannosaurus.

„Wetten, du traust dich nicht,
es anzufassen?",
zischt Max ihm zu.
Leon lacht verächtlich. „Wetten, doch?"

Während sich Leon nach oben reckt,
um das Skelett des Raub-Dinosauriers
zu berühren,
fischt Max den Knochen aus der Tasche.
Blitzschnell legt er ihn auf das Podest.
Leon hat nichts bemerkt.

„Na bitte", tönt Leon. „War babyleicht!"
Aber Max beachtet Leon nicht.

Er zeigt auf den Knochen und ruft:
„Mensch, Leon, guck mal:
Du hast das Skelett kaputtgemacht!"

„Waaas?!" Leon wird ganz blass.
Seine Lippen zittern.
„Aber ich hab es doch nur kurz berührt!
Oh bitte, Max, verrate mich nicht!"

Leons Augen füllen sich mit Tränen.

Jetzt ist Max selber erschrocken.
Auweia, Leon ist ja richtig in Panik!
Nein, so weit darf Rache nicht gehen!

Max holt tief Luft.
Dann erklärt er Leon alles.

„Aber warum hast du das gemacht?",
fragt Leon.

„Kannst du dir das nicht denken?",
fragt Max zurück.
„Du warst oft voll fies zu mir!"

Leon wird rot. „Stimmt", gibt er zu.
„Aber jetzt sind wir quitt, oder?"

„Das sind wir",
nickt Max grinsend
und reicht Leon die Hand.

Der Piratenschatz

Stefan und Jonas machen
mit ihren Eltern
Urlaub am Meer.

Ihr Ferienhaus ist alt
und ziemlich schief.
Durch die Ritzen zieht der Wind.

Der Vermieter sieht aus
wie ein alter Seeräuber.

„Dieses Haus hat
der Einbeinige Lars gebaut!",
erzählt er und zwinkert
den Jungen geheimnisvoll zu.

Abends können die beiden Brüder
nicht einschlafen.
„Ob hier wirklich ein Pirat
gewohnt hat?", fragt Jonas.

Stefan springt aus dem Bett.
„Wir werden es herausfinden!",
beschließt er.

Mit der Taschenlampe
untersuchen sie
jeden Winkel des Hauses.

Der Boden knarrt fast
bei jedem Schritt.
„Leise!", flüstert Stefan.

Unten im Flur macht Jonas
eine spannende Entdeckung.

„Da!", zischt er und
zeigt auf den Schrank.
Die Schranktür steht offen.
Stefan leuchtet hinein.

Vorsichtig schieben sie
Jacken und Mäntel zur Seite.
Jonas zuckt zusammen.

Der Schrank hat keine Rückwand,
sondern eine Tür.
Auf diese Tür
ist ein Totenkopf gemalt!

„Super!", wispert Stefan.
„Dahinter ist bestimmt
ein Schatz versteckt!"
Vorsichtig drückt er
die Klinke herunter.
Quietschend öffnet sich die Tür.

Zusammen kriechen die Brüder
in einen dunklen Gang.

Plötzlich stößt sich Stefan
das Knie an.
„Potztausend!", jubelt er los.
„Das ist eine Schatztruhe!"

Jonas trommelt auf die Kiste.
„Wir haben den Schatz vom
Einbeinigen Lars gefunden!",
ruft er begeistert.

Mit zittrigen Fingern
heben sie den Deckel hoch.

Die Truhe ist leer –
bis auf eine Tafel Schokolade.
Darauf steht:
Schatzsuchen macht hungrig,
Guten Appetit! Der Vermieter.

Eine super Überraschung!

Lena und Miriam machen
mit vielen anderen Kindern
Ferien auf einem Reiterhof.

Nachts dürfen sie sogar
in einem Baumhaus schlafen.
Ganz in der Nähe der Pferde.

„Es ist total toll hier!",
schwärmen die Mädchen
ihren Eltern am Telefon vor.

„Am liebsten würden wir immer
in einem Baumhaus wohnen."

Leider sind die traumhaften Ferien
irgendwann vorbei.

Bevor Lena und Miriam
zurück nach Hause fahren,
zeigen sie ihren Eltern noch
die Pferde und das Baumhaus.

Als sie wieder daheim sind,
sollen sich die Mädchen
die Augen zuhalten.

Die Eltern drehen sie
dreimal im Kreis.
Dann rufen sie: „Überraschung!"

Miriam und Lena öffnen
gespannt die Augen.

„Ein Baumhaus!", platzt Lena los.
Die Eltern haben einfach eins
an die Hauswand gemalt!

Von unten führt eine Holzleiter
genau vor den Balkon
von ihrem Kinderzimmer.

Sofort klettern Lena und Miriam
zum Balkon hoch.
Ihre Mutter öffnet ihnen
die Tür von innen.

Im Kinderzimmer wartet
Überraschung Nummer zwei auf sie:

Die Eltern haben alle Wände
ganz und gar mit Holz verkleidet
und mit Pferdepostern geschmückt.

Miriam und Lena sind baff.
Wenn das keine Überraschung ist!

„Super!", jubeln sie dann los.
„Ab heute wohnen wir
in einem richtigen Baumschloss!"

Dann toben alle wild herum.
Der Vater wiehert vor Freude.
Fast wie ein richtiges Pferd.

Auf Fossilien-Jagd

„Hol schnell deine Jacke, Tobi!",
ruft Papa.
„Wir machen eine Zeitreise!"

Oh, das klingt aufregend!
Bald parkt Papa das Auto,
und Tobi und er laufen zu Fuß weiter.

Der Weg führt steil nach oben.
„Wann sind wir endlich da?",
schnauft Tobi.

„Jetzt!", strahlt Papa.
„Schau mal hier runter!
Aber vorsichtig!"

Tobi beugt sich nach vorn.
Nanu, was buddeln denn
all die Leute da unten herum?
Einige haben Schaufeln in der Hand,
andere kleine Spitzhacken,
Bohrer oder Bürsten.

Und was liegt da
halb verborgen im Sand?
Das ist ja ... ein Skelett!

„Die Überreste
eines Langhals-Sauriers",
sagt Papa.
„Mehr als hundert Millionen Jahre alt."

„Manno", seufzt Tobi.
„So was Aufregendes
möchte ich auch mal finden!"

Plötzlich hockt er am Boden.
„Guck mal, Papa!
Ist das vielleicht ein Saurier-Zahn?"

Papa schüttelt den Kopf.
„Nein, das ist leider nur der Überrest
von einem Plastik-Schnuller."

Tobi überlegt. „Vielleicht versteinert
der Schnuller ja mal und zählt in
Millionen Jahren auch zu den
Fossilien?"

Papa lacht. „Was meinst du,
kleiner Fossilien-Sucher:
Wollen wir darauf warten
oder jetzt lieber ein Eis essen gehen?"

Was für eine Frage ...

Zum Geburtstag hat Sara
ein Aquarium bekommen,
mit vielen Fischen und Pflanzen.

Sogar mit einer kleinen Burg
und einem Sprudelstein.

Sara sitzt oft vor dem Aquarium
und beobachtet die Fische.

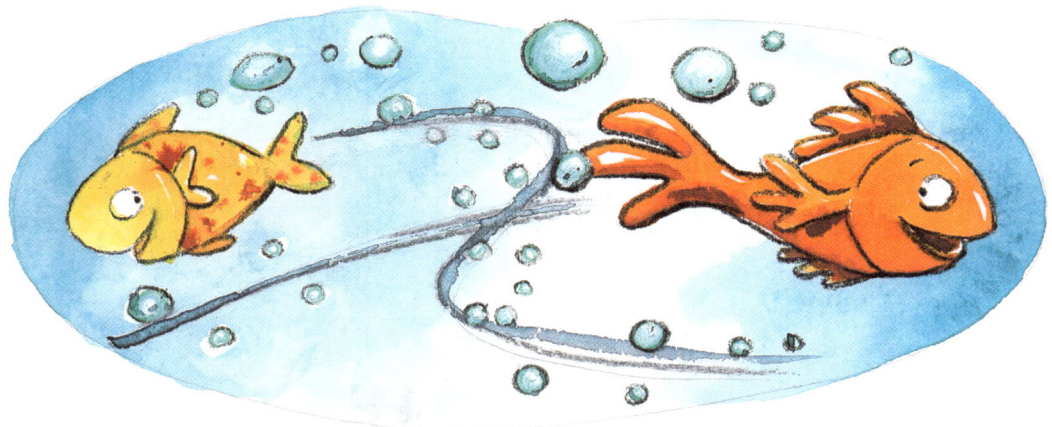

Sie sind schön und bunt,
aber auch glitschig und schnell.
Niemals könnte Sara
die Fische anfassen.

Eines Mittags sieht Sara,
dass das Aquarium undicht ist.

Mit Mamas Hilfe füllt Sara
den Inhalt des Beckens
in eine große Plastikwanne.
Über die Wanne legen sie Tücher.

Mama fährt gleich los,
um das Aquarium umzutauschen.

Sara zieht die Tücher zur Seite
und schaut in das Wasser.
Die Fische flitzen umher.

Plötzlich springt ein goldgelber Fisch
in hohem Bogen aus der Wanne.
Er landet direkt vor Saras Fuß.

„Igitt!", schreit Sara erschrocken.
„Mama! Hilfe!"

Aber Mama ist weg.
Aufgeregt rennt Sara hin und her.

Der Fisch zappelt auf dem Teppich.
Er braucht Saras Hilfe.

Aber Sara kann ihn
doch nicht berühren!
Bestimmt ist er glibberig und kalt.
Was soll sie nur tun?

Sara holt tief Luft.
Sie nimmt das kleine Fangnetz,
hockt sich vor den Fisch
und schiebt ihn vorsichtig hinein.

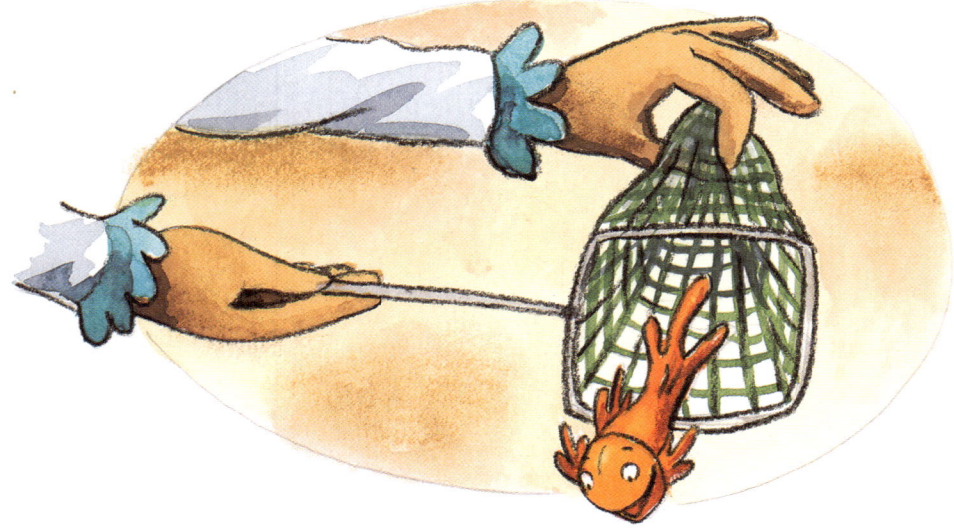

Jetzt schnell ins Wasser mit ihm!

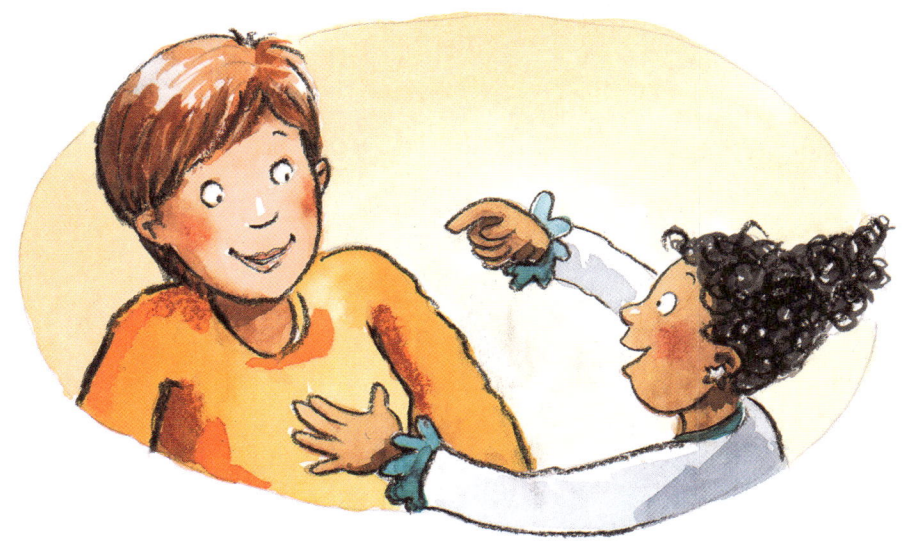

Als Mama wiederkommt,
erzählt ihr Sara die Geschichte
vom springenden Fisch.

Zusammen füllen sie
das neue Aquarium mit Wasser.

Am Abend ist das Aquarium
wieder eingerichtet.
Alle Fische fühlen sich wohl.
Darüber freut sich Sara sehr.

Besonders über den goldgelben Fisch.

Schatzfinder finden alles!

Früher war Jan ein Detektiv.
Jetzt ist er Schatzfinder!
Sein Büro ist in der Gartenhütte.

Hier hat er ein Diamantenbuch
und Stadtpläne. Neben ihm
sitzt Pfiffi, sein Spürhund.

Am Nachmittag klopft es
an die Bürotür.
Es ist Nele aus seiner Klasse.

„Hey, Jan", ruft sie.
„Ich glaube, ich habe
einen Fall für euch!"

Sie breitet eine Zeitung aus.
Da steht: Raub in der Stadtbank,
keine Spur von der Beute.

Begeistert klatscht Jan
in die Hände.
„Den Schatz holen wir uns!"

Gemeinsam streifen die
drei Freunde durch die Stadt.

Aufmerksam beobachtet Jan
alle Leute. Das hat er
als Detektiv gelernt.

Plötzlich stupst Jan Nele an.
„Siehst du den
feinen Pinkel da?", fragt er.

Nele nickt.
In einer Ecke steht ein Mann
und telefoniert leise.

Der Mann sieht sich nervös um.
Aus der Anzugtasche lugt ein dickes
Bündel Geldscheine.

Als er schnell weitergeht,
fällt ein Schein aus der Tasche.

„Such!", ruft Jan.
Er hält Pfiffi den Schein
zum Schnüffeln vor die Nase.

Pfiffi bellt und rennt los.
Jan und Nele holen ihn erst
am alten Sägewerk wieder ein.

Durch ein dreckiges Fenster
sieht Jan den feinen Pinkel.
Er zählt einen Haufen Geld!

Zehn Minuten später
ist die Polizei da.

„Das habt ihr gut gemacht!",
lobt Wachtmeister Dingfest.

„Ohne euch hätten wir
den Schönen Schorsch
nie gefasst!"

„Ist doch Ehrensache!",
erwidert Jan gelassen.
„Schatzfinder finden eben alles!"

Freche Kerle

Julian läuft weinend ins Haus.

Wütend sagt er zu Tina:
„Christian und Sven meinen,
dass ich einen Eierkopf
und ein Nasenfahrrad habe!"

Tina kennt Christian und Sven.
Sie sind groß und stark.

Aber sie dürfen Julian
nicht beleidigen.

Tina nimmt Julians Hand.
„Ich rede mit den frechen Kerlen",
sagt sie.

Tinas Herz klopft wild.
Sie hat Angst
vor Christian und Sven.

Die großen Jungen
spielen Fußball im Park.

Tina stellt sich vor sie hin.
„Lasst meinen Bruder in Ruhe,
ihr Angeber!"

Christian und Sven
starren Tina an.

Christian schubst Tina
zur Seite.

„Hau ab", sagt er,
„du dumme Ziege."
Sven lacht.

Tina nimmt Anlauf
und schießt den Fußball
weit weg.

Wütend tritt Sven
gegen ihr Bein.
Das tut mächtig weh.

„Aua!", jammert Tina.
Sie kann die Tränen
nicht zurückhalten.

Die großen Jungen lachen.
„Komm!", sagt Tina
und läuft mit Julian nach Hause.

Julian drückt Tinas Hand.
„Du warst ganz toll",
sagt er stolz
zu seiner mutigen Schwester.

Trixis Lieblingstier

Neugierig blickt Frau Paulsen
ihre Schüler an.
„Na, habt ihr euch alle überlegt,
welches Tier ihr gern sein würdet?"

Alle Kinder nicken eifrig.

„Ich wäre am liebsten eine Katze!",
kräht Dennis.

„Du meinst, ein Kater",
verbessert Frau Paulsen.
„Nö", sagt Dennis. „Ich möchte selber
Katzenbabys kriegen!"

Das versteht Frau Paulsen.
Alex wäre gern ein Adler.
Melina ein Schmetterling.
Und Pablo sein eigener Hund.

„Was möchtest du denn sein, Trixi?",
fragt Frau Paulsen.

„Ein Entenschnabel-Dinosaurier",
erklärt Trixi.

Jetzt prusten alle Kinder los.
„Ein Dino mit Entenschnabel –
so ein Quatsch!"

„Kein Quatsch!", sagt Trixi.
„Diese Dinos gab es wirklich!
Sie hatten kleine kurze Schnäbel
und über tausend Zähne im Mund!"

„Hu, das klingt aber gefährlich!",
lacht Frau Paulsen.

Trixi schüttelt energisch den Kopf.
„Nö, die waren Pflanzenfresser
und haben sich ganz lieb
um ihre Jungen gekümmert."

„Toll, Trixi!", lobt Frau Paulsen.
„Woher weißt du das denn alles?"

„Von meiner Oma", erklärt Trixi.
„Die ist nämlich Pa... Palä... äh..."

„Paläontologin", hilft Frau Paulsen.
„So heißen die Leute,
die die Dinosaurier-Zeit erforschen."
Trixi nickt. „Genau, das tut Oma!"

„Dann soll deine Oma mal herkommen
und uns was über Dinos erzählen",
schlägt Pablo vor.

Au ja! Alle sind begeistert.
Auch Frau Paulsen.
Trixi verspricht, ihre Oma zu fragen.

Da meldet sich Pablo nochmal.
„Ich bin echt froh, dass Trixi
kein Entenschnabel-Dino ist."
„Aha!", lächelt Frau Paulsen.

„Sonst wäre sie ja schon ausgestorben",
flüstert Pablo
und wird ein bisschen rot.

Wo ist der Dieb?

Als Justus, Tina und Gero
von der Schule nach Hause fahren,
sind plötzlich überall Polizeiautos.

Der Kiosk-Ganove
hat wieder einmal zugeschlagen.

Diesmal hat es den Kiosk
von Frau Meckel erwischt.

Sie verkauft Zeitungen,
belegte Brötchen und Süßigkeiten
gegenüber der Bushaltestelle.

„Vom Dieb fehlt jede Spur",
sagt Wachtmeister Brandt ratlos.

„Dabei waren wir schnell am Tatort.
Er muss über die Gärten getürmt sein.
So kriegen wir den nie."

Die Kinder sind total sauer.
Denn Frau Meckel ist wirklich nett.

Sie beschließen,
die umliegenden Gärten
nach Spuren zu untersuchen.

Geduckt pirschen sie
einen kleinen Seitenweg entlang.

Da bemerkt Gero,
wie aus dem morschen Baumhaus
im verwilderten Pfarrgarten
feiner blauer Rauch emporsteigt.

„Hey Leute, ich glaube,
im alten Baumhaus raucht jemand",
alarmiert er leise seine Freunde.

Sofort informieren die Kinder
Wachtmeister Brandt.

Der kommt gleich angefahren.
Und diesmal ist er nicht zu spät.
Diesmal wird der Dieb geschnappt!

Noch am gleichen Tag erhält
Frau Meckel ihr Geld zurück.

Überglücklich spendiert sie
Justus, Tina und Gero
ein dickes Eis.

„So ein dummer Dieb",
sagt sie lachend.
„Dabei weiß doch jedes Kind,
dass Zigarettenqualm gefährlich ist."

Quellenverzeichnis

Das krachende Baumhaus, Eine super Überraschung!,
Wo ist der Dieb?
aus: Christina Koenig, **Lesetiger-Baumhausgeschichten**
mit Illustrationen von Alexander Bux
© 2009 Loewe Verlag GmbH, Bindlach

Vorsicht, Hund!, Heimlich, Igitt!, Freche Kerle
aus: Petra Fietzek **Lesetiger-Mutgeschichten**
mit Illustrationen von Katharina Wieker
© 2004 Loewe Verlag GmbH, Bindlach

Der Schatz im Wald, Der Piratenschatz,
Schatzfinder finden alles!
aus: THiLO, **Lesetiger-Schatzsuchergeschichten**
mit Illustrationen von Eva Czerwenka
© 2009 Loewe Verlag GmbH, Bindlach

Ein Knochen zu viel, Auf Fossilien-Jagd,
Trixis Lieblingstier
aus: Katja Reider, **Lesetiger-Dinosauriergeschichten**
mit Illustrationen von Leopé
© 2006 Loewe Verlag GmbH, Bindlach